AF224415

L'EMPIRE

CAUSERIE

PAR

H. BELLAMY

—

DEUXIÈME ÉDITION

—

PRIX : **Dix centimes**

—

ANGOULÊME

CHEZ TOUS LES LIBRAIRES

—

1875

L'EMPIRE

CAUSERIE

Il reste encore dans ce département des partisans de l'Empire.

Je viens causer politique avec eux.

POURQUOI, DANS NOS CAMPAGNES, AIMAIT-ON L'EMPIRE

Pour deux raisons :

1º On avait entendu, aux longues veillées d'hiver, les pères et les grands-pères raconter les batailles gagnées par Napoléon Iᵉʳ; on s'était pris d'un vif intérêt pour ces luttes glorieuses, et le buste de l'empereur, conservé sur la cheminée de la chambre, ou son image coloriée placardée sur le mur, attestaient la vivacité et la persistance des impressions reçues et des souvenirs gardés.

On ne se rendait pas compte que les générations qui avaient participé à ces luttes en avaient payé les gloires au prix d'une effroyable effusion de sang (1) , et que le lourd fardeau d'une conscription qui ne laissait dans les familles que les infirmes avait principalement pesé sur les habitants des campagnes.

---

(1) Le quatrain suivant fut composé lors de l'érection à Paris de la colonne Vendôme, qui portait la statue de Napoléon :

> Tyran juché sur cette échasse,
> Si le sang que tu fis verser
> Pouvait tenir sur cette place,
> Tu le boirais sans te baisser.

Cette colonne, faite du bronze des canons pris à l'ennemi sous le premier Empire, a été stupidement renversée en 1871 par la Commune, et réédifiée depuis.

2° On croyait généralement que c'était Napoléon Ier qui avait mis fin aux abus et aux priviléges de l'ancien régime, et on lui en était reconnaissant.

C'était là une erreur complète.

Napoléon Ier n'a été pour rien dans la suppression des priviléges ; il l'a trouvée accomplie, et il n'a eu qu'à achever de mettre en ordre les lois qui l'avaient opérée.

C'est la grande Révolution de 1789 qui a tout fait ; c'est elle qui a affranchi les cultivateurs. A ce moment, sans doute, Louis XVI régnait encore ; mais il n'en est pas moins vrai de dire que l'ancien régime disparut sous le stimulant de l'esprit républicain, dont les membres de la Constituante étaient pénétrés à leur insu.

Napoléon Ier, au contraire, a essayé d'attirer à lui l'ancienne noblesse, et il en a constitué une à son usage ; il a rétabli des priviléges empruntés à la monarchie, et il en a créé de nouveaux.

Ce sont là des faits que malheureusement beaucoup d'habitants de nos campagnes ignorent. Mieux instruits à cet égard, ils auraient moins d'engouement pour l'Empire et plus de gratitude envers la République, qui les a faits propriétaires et qui peut seule servir leurs intérêts, parce que seule elle exclut tous les favoritismes et commande l'égalité et la justice.

L'EMPIRE, C'EST LA GUERRE

Napoléon Ier n'a jamais pu vivre en bons termes avec les souverains de l'Europe. Toujours en querelle avec les uns ou les autres, il a deux fois succombé sous leurs coups, et deux fois la France a été envahie par sa faute.

Napoléon III, héritier des goûts belliqueux de son oncle, mais non de son génie militaire, a cherché, lui aussi, dans la guerre les moyens de raffermir son gouvernement, et, par surcroît, de masquer, grâce à des virements de crédits, les déficits des finances publiques, compromises par son administration dépensière.

Il avait pourtant dit à Bordeaux, dans une occasion solennelle: *L'Empire, c'est la paix !*

Rappelons comment cette promesse fut tenue :

Nous avons eu, pendant son règne, la guerre de Crimée, la plus justifiable de toutes, devenue pourtant inutile, puisque la Russie s'est affranchie des obligations que nous lui avions imposées en vue d'assurer la sécurité de la Turquie;

Celle d'Italie, qui était à contre-sens des vrais intérêts de la France, car nous avions avantage à laisser l'Italie morcelée et divisée, notre frontière méridionale ne pouvant qu'y gagner.

Quelques années plus tard, Napoléon III décidait l'expédition du Mexique, l'une de ses plus funestes inspirations (1).

Il y fut poussé par ses familiers, gens de joyeuse vie et de grandes dépenses, qui, s'étant fait céder une créance usuraire sur le gouvernement mexicain, avaient besoin, pour en toucher le montant, que la France fît la guerre au Mexique.

Et il obéit d'autant mieux à leurs suggestions, qu'il rêvait d'établir en Amérique un empire de notre race, pour tenir tête aux Américains.

L'impératrice approuvait fort l'entreprise. Le cler-

-----

(1) Nous négligeons les guerres de Chine et de Cochinchine.

gé devait être tout-puissant dans l'empire mexicain, et l'impératrice était dévouée aux prêtres (1).

On sait ce qui advint. Après un séjour de trois années, il fallut évacuer le Mexique sous la menace des Américains, en y laissant exposé aux coups de ses ennemis le malheureux prince autrichien que nous y avions importé pour en faire un empereur, et dont les fossés de Queretaro recueillirent le cadavre.

L'expédition nous coûta des sommes folles (2) ; elle épuisa nos ressources ; elle dégarnit nos arsenaux : si bien que nous ne fûmes plus en état d'arrêter la Prusse, lorsque, attaquant l'Autriche, elle l'écrasa à Sadowa, et accrut démesurément sa puissance.

On le voit, et avant même que nous évoquions l'histoire de 1870, les Bonaparte ne nous ont jamais donné la paix. Avec eux, c'est toujours la guerre, soit par gloriole, soit pour cacher les déficits énormes qu'entraînent leurs prodigalités. Sans être prophète, on peut affirmer que Napoléon IV signalerait son règne par une nouvelle guerre contre l'Allemagne, dût-il y perdre d'autres provinces.

Les habitants de nos campagnes jugeront s'ils ont intérêt à nous préparer des désastres nouveaux. Ils seraient les premiers à en pâtir, dans leur bourse et dans leurs personnes. La chose vaut la peine qu'ils y songent.

---

(1) Dans ce passage, comme dans tout autre, on voudra bien ne voir aucune hostilité contre la religion ou contre le clergé. L'auteur se borne à établir des faits incontestables.

(2) Aux huit cents millions qu'elle coûta, il conviendrait d'ajouter les sept cent soixante-cinq millions de l'emprunt mexicain souscrits sous le patronage du gouvernement français, à l'heure où il connaissait très bien la situation à peu près désespérée de l'entreprise. Cette opération désastreuse engloutit presque intégralement l'épargne de milliers de petits prêteurs, séduits par les promesses et les assurances de M. Rouher.

LA GUERRE DE 1870

La victoire remportée à Sadowa par la Prusse sur l'Autriche l'était par contre-coup sur la France, désormais inférieure en puissance à l'Allemagne.

Aussi Napoléon III méditait-il une revanche.

Il commit la faute de la rechercher sans être suffisamment prêt. Le ministre de la guerre avait bien déclaré que tout était en état, et qu'il ne *manquait pas un bouton de guêtre*. En réalité, nos régiments comptaient à peine la moitié de leur effectif; nos arsenaux étaient vides, nos places de guerre démunies des approvisionnements et du matériel nécessaires.

De plus, le plan de campagne était détestable. Il émanait de l'empereur, qui se croyait de hautes capacités militaires.

Notre armée, attaquée par des forces supérieures et surprise plusieurs fois, fut, malgré sa vaillance, battue en diverses rencontres. Un mois après l'ouverture des hostilités, l'Empereur se faisait prendre à Sedan comme dans un traquenard.

Ce jour-là, quand l'armée combattait encore, l'Empereur prit sur lui de faire hisser le drapeau blanc. Après une nuit passée dans son lit, il alla, en voiture, une cigarette à la bouche, remettre son épée au vainqueur, ayant refusé de se rendre à l'appel du général en chef qui voulait tenter un passage à travers les bataillons ennemis (1).

---

(1) Le billet écrit à l'Empereur à cette occasion était ainsi conçu :
  « Sire,
» Je me décide à percer la ligne qui se trouve devant le général

Ses louangeurs payent aujourd'hui d'audace et l'appellent *la victime de Sedan;* mais le conseil d'enquête présidé par le maréchal Baraguay-d'Hilliers a jugé que la responsabilité de la capitulation devait lui être laissée, et dans sa séance du 1er mars 1871, l'Assemblée nationale l'a déclaré « responsable de la ruine et du démem» brement de la France. »

Au lieu de s'évertuer à nier l'évidence, les bonapartistes feraient mieux d'avouer que, vieilli, usé, éteint avant l'âge, Napoléon III avait perdu toute initiative et toute énergie..... Preuve manifeste qu'un régime qui repose sur un seul homme est absolument contraire aux intérêts d'une nation.

LE 4 SEPTEMBRE

Le Corps législatif impérial n'essaya pas de défendre son maître; résignés à sa chute, les députés allaient nommer une commission qui consacrait sa déchéance, quand la Chambre fut envahie (1).

L'Empire était donc tombé de lui-même, sous le poids des événements amenés par sa faute.

» Lebrun et le général Ducrot, plutôt que d'être prisonnier dans » la place de Sedan.

» Que Votre Majesté vienne se mettre au milieu de ses troupes, » elles tiendront à honneur de lui ouvrir un passage.

» Une heure un quart. — 1er septembre.

» DE WIMPFFEN. »

L'Empereur refusa. Les troupes se battirent encore jusqu'à cinq heures et demie.

(1) L'Assemblée, retirée dans ses bureaux, avait nommé une commission qui proposait le projet de loi suivant :

« Vu les circonstances, la Chambre élit une commission de cinq membres choisis par le Corps législatif. Cette commission nomme les ministres. Une Assemblée constituante sera réunie aussitôt que les circonstances le permettront ; elle se prononcera sur la forme du gouvernement. »

C'est alors que, pour sauver Paris et la France de l'anarchie, se constitua le gouvernement provisoire *de la Défense nationale.*

La passion et la calomnie se sont, depuis quatre ans, acharnées contre les membres de ce gouvernement. S'ils ont commis des fautes, qui donc n'en aurait pas commis, dans l'affreuse situation à laquelle ils durent faire face !

On leur a reproché de n'avoir pas su vaincre.

Est-ce que la victoire était possible, durant ce terrible hiver de 1870 ? Et n'a-t-on pas fait presque au-delà de ce qui pouvait être fait?

On les a blâmés d'avoir trop prolongé la résistance.

Mais s'est-il élevé une voix en France pour demander la paix après Sedan, et même après que la trahison de Bazaine eut livré Metz? (1)

En continuant la lutte, la France a sauvé son honneur, et elle a reconquis les sympathies de l'Europe, qui lui avait été si hostile au début.

Enfin, à faire la paix plus tôt, il est possible qu'on eût eu à payer une indemnité moindre; mais nous aurions toujours perdu l'Alsace et la Lorraine, que, dès le commencement de la guerre, l'Allemagne était bien décidée à s'approprier; car, sur les cartes de l'état-major prussien, publiées à Berlin en 1870, ces deux provinces figuraient déjà comme allemandes. L'article 1er, § 4, du traité de paix, le dit expressément (2).

---

(1) « Votre commission est unanime à croire que les membres du gouvernement du 4 Septembre ont eu raison d'essayer de défendre Paris et la France. »

(Rapport de M. Chaper, parlant au nom de la commission chargée par l'Assemblée nationale d'examiner les actes du gouvernement du 4 Septembre.)

(2) « Après Sedan, la Prusse se considérait comme aussi victo-

Toutes les conséquences de cette guerre insensée, déclarée « d'un cœur léger » par le principal ministre impérial, pèsent donc sur Napoléon III et les conseillers qu'il s'était choisis (1).

On a osé accuser M. Thiers et ses amis politiques de l'insuffisance de nos ressources militaires.

Quelle audace ne faut-il pas pour invectiver, à propos de la guerre de 1870, l'homme qui s'est jeté en travers, en a prédit la triste issue, et a su si bien, dans la mesure du possible, réparer nos désastres !

La vérité est que M. Thiers, partisan déclaré des grandes armées, n'a jamais voté ni demandé la réduction de nos contingents et de nos dépenses militaires. La vérité est encore que la Gauche du Corps législatif, composée de quatorze membres, (2) était trop faible pour obtenir ou empêcher quoi que ce fût, et que M. Garnier-Pagès avait réclamé, mais inutilement, l'adoption du système prussien, beaucoup moins onéreux que le nôtre, et fournissant beaucoup plus de soldats. La vérité est enfin que le gouvernement impérial avait dix fois

---

rieuse qu'à la fin de janvier. Il y a une dépêche de M. de Bismarck, datée de Reims, du 13 septembre, qui montre quelles étaient déjà les prétentions de la Prusse... M. de Bismarck disait positivement dans une autre dépêche, datée de Meaux, le 16 septembre, qu'il fallait à l'Allemagne Strasbourg et Metz... La dépêche de M. de Bismarck faisait de leur cession une des conditions de la paix. »

(Déposition de M. de Chaudordy, député, ministre plénipotentiaire.)

(1) « De ce jour commence pour les ministres mes collègues et pour moi une grande responsabilité. (*Oui!* à gauche.) Nous l'accepterons LE CŒUR LÉGER. » (Vives protestations à gauche.)

(Paroles de M. Émile Ollivier, premier ministre de Napoléon III, au Corps législatif, le 15 juillet 1870.)

(2) « Vous êtes quatorze ! » — Paroles de M. Dugué de la Fauconnerie aux députés de la Gauche, pendant la séance du 15 juillet 1870.

affirmé que nos ressources étaient immenses et qu'il n'avait aucun besoin de les augmenter.

Ainsi, le 18 janvier 1869, l'Empereur prononçait ces paroles : « Notre armement perfectionné, nos arsenaux » et nos magasins remplis, nos réserves exercées, la » garde nationale mobile en voie de réorganisation, nos » places fortes en bon état, donnent à notre puissance » un développement indispensable. Les ressources mili- » taires de la France sont désormais à la hauteur de ses » destinées dans le monde... »

Le 16 août de la même année, onze mois avant la guerre, le *Moniteur* publiait cette note : « Une armée » de 750,000 hommes disponibles pour la guerre ; près » de 600,000 hommes de garde nationale mobile ; l'ins- » truction dans toutes les branches poussée à un degré » inconnu jusqu'ici ; douze cent mille fusils fabriqués » en dix-huit mois, les places mises en état, les arse- » naux remplis, un matériel immense, prêt à suffire à » toutes les éventualités, quelles qu'elles soient ; et » en face de cette situation, la France, confiante dans sa » force. »

Et consacrant ces mensonges officiels, au mois de juillet 1870, M. Rouher, président du Sénat, disait à l'Empereur : « Grâce à vos soins, la France est prête, » Sire ! »

On a, d'autre part, reproché à M. Thiers et à l'opposition du Corps législatif d'avoir voté les subsides pour la guerre. Après que l'épée eut été tirée, le patrio- tisme ne commandait-il pas de voter les crédits néces- saires ?

———

Hélas ! le deuxième Empire devait finir comme avait fini le premier, c'est-à-dire par l'invasion et le démembrement de la France. Trois fois les Bonaparte sont montés sur le trône, trois fois leur règne s'est terminé de la même manière.

Aussi, nos départements de l'Est, épuisés par l'ennemi, se révoltent-ils à la seule pensée d'une restauration napoléonienne, et la Charente ne serait pas là-dessus moins unanime, si les Allemands étaient venus, en 1870, prendre le bétail, vider les granges, boire nos vins et nos eaux-de-vie, et nous imposer de lourdes contributions d'argent.

Ces résultats ruineux se produiront chaque fois que le peuple abdiquera ses droits entre les mains d'un maître. Le souverain, fût-il doué d'abord des plus rares qualités, peut les perdre par l'âge ou par la maladie. Il est sujet à se tromper, et l'intérêt personnel entraîne ses ministres à le flatter plutôt qu'à le bien diriger.

Les nations ne doivent pas être moins sages que les individus. Quel est celui d'entre nous qui remettrait sa liberté, sa fortune, ses droits, aux mains d'autrui ?...

L'IMPÉRATRICE ET LE FILLEUL DU PAPE

Les réflexions ci-dessus s'appliquent surtout au cas d'un souverain dans les conditions où se présenterait Napoléon IV.

Ce prince a dix-neuf ans. Il vient d'achever ses études.

Serait-il raisonnable de faire d'un adolescent le maître de la France ? N'est-il pas évident qu'il gouvernerait au gré des courtisans qui ont aidé à la chute de son père ?

Mais, dit-on, sa mère serait là ; elle l'assisterait de ses conseils, et, dans les premiers temps, elle règnerait plus ou moins sous son nom.

L'impératrice, en tant que femme et femme malheureuse, a droit au respect. Cependant, la vérité sur son compte doit être dite.

L'impératrice est Espagnole d'origine ; elle a les défauts et les qualités de sa race ; elle en a les préjugés étroits, et, particulièrement, la dévotion peu éclairée.

Elle met sa confiance dans les prêtres, dont elle prend l'avis en toutes choses, et dont les désirs sont sa loi. Elle a choisi le pape pour parrain de son fils. Monté sur le trône de France, comment le *filleul du pape* n'aurait-il pas, envers le clergé, de larges complaisances ?

C'est l'impératrice qui maintenait à Rome notre armée d'occupation, afin de protéger le gouvernement temporel du pape.

C'est elle qui a voulu la fatale expédition du Mexique, pour servir les intérêts catholiques et en haine de l'Amérique protestante.

C'est elle qui, par ses instances et les intrigues de ses familiers, a déterminé la guerre de 1870, dont elle disait: *C'est ma guerre, à moi !*

De bonne foi, trouve-t-on là de quoi désirer que l'impératrice revienne nous gouverner ?

L'EMPIRE ET LE CLERGÉ

En France le prêtre a une grande tendance à s'occuper de politique.

On ne le sait que trop, et on s'en plaint souvent.

On aimerait que le prêtre, libre d'avoir telle opinion que bon lui semble et de voter comme il l'entend, se renfermât dans les devoirs de son ministère. Il y gagnerait en estime et en considération; il ne serait que plus sûr de rencontrer partout les égards et le respect dont les ministres de la religion ont le droit d'être entourés.

Mais ce n'est pas l'Empire qui lui conseillera jamais cette réserve.

L'Empire entend que le prêtre soit un agent politique au jour des élections; et il traite en ennemis ceux qui refusent d'être les instruments dociles de la candidature officielle.

Une des causes de l'impopularité d'Henry V est la prévision qu'il accorderait au clergé une influence excessive.

Eh bien, l'Empire mettait les cardinaux au Sénat; il laissait les évêques intervenir à tout propos dans les affaires qui ne les regardaient pas, et les curés dominer les instituteurs, réduits ainsi à une dépendance humiliante.

Combien d'ecclésiatiques avisés ont déploré ces abus, comprenant que la religion y perdait plus qu'elle n'y gagnait !

CE QUE VALENT LES PLÉBISCITES

Le plébiscite est l'hameçon qu'on jette aux électeurs et qu'on appâte avec le mot sonore de souveraineté du peuple.

C'est une comédie où les électeurs jouent le rôle de badauds et de dupes.

Les entrepreneurs de plébiscites obtiennent infailliblement les réponses qu'ils désirent; ce sont des escamoteurs qui ne présentent jamais que la carte forcée.

Un prétendant arrive au trône par la ruse, par le parjure, par la violence. Il a besoin de se faire pardonner le crime qu'il a commis. Vite un plébiscite, et la farce est jouée.

Comment dire *non* devant un fait accompli et devant la menace d'une révolution, au bout de laquelle la presse plébiscitaire et l'administration montrent *les partageux !*...

Le plébiscite de 1870 aurait dû dégoûter le pays d'un pareil mode de consultation. On sait ce qui en est sorti..., non pas la paix, comme on l'assurait, mais la guerre, mais la perte de deux provinces, mais la rançon de cinq milliards.

N'avons-nous pas assez payé et assez souffert pour nous défier des plébiscites et des gens qui en proposent ?...

LES ÉLECTIONS SONT PRÉFÉRABLES

A la condition qu'elles se fassent sans candidature officielle.

La candidature officielle supprime la liberté du suffrage universel.

Sous l'Empire, à la veille d'une élection, tous les fonctionnaires recevaient un mot d'ordre, se mettaient en campagne et venaient bourdonner aux oreilles des électeurs : « Votez pour ce candidat ; c'est celui du ministre. Par lui nous obtiendrons tout ce que nous voudrons, et l'empereur nous sera reconnaissant de sa nomination. Ne votez pas pour cet autre, vous vous feriez mal noter, et vous causeriez une révolution qui livrerait le pays aux rouges... » Et le vote était enlevé pour le profit de ceux qui l'avaient préparé.

Entre eux ils se disaient : « La bonne chose qu'une candidature officielle ! Grâce à elle, nous tirons du suffrage universel ce que nous voulons ! »

Les électeurs devraient se tenir en garde contre tous ces bons apôtres à qui les gros appointements qu'ils reçoivent ou les places qu'ils occupent commandent de voter et de faire voter d'une certaine façon.

C'est aux électeurs de juger par eux-mêmes, et de s'éclairer à l'aide de comparaisons et de renseignements. S'ils ont besoin de conseils, qu'ils en demandent à des hommes désintéressés par caractère et par situation.

Bien choisir ses députés est cent fois plus facile que de voter sur un plébiscite ; et la raison en est simple : chacun choisit les députés dans lesquels il a confiance, — tandis qu'un plébiscite peut cacher des rouieries que tout le monde ne saurait démêler, faute de temps et de lecture.

LA PROSPÉRITÉ SOUS L'EMPIRE

Cette prospérité a été le double résultat des épargnes considérables accumulées sous le règne pacifique de Louis-Philippe, et de la coïncidence de l'avénement de l'Empire avec la mise en exploitation de nombreuses lignes de chemins de fer, concédées par les gouvernements antérieurs.

Au contraire, ce qui fut bien le produit de l'Empire c'est la fin qu'il a eue : une invasion, 25 départements ravagés, la perte de deux provinces, 5 milliards d'indemnité et 5 autres milliards de dépenses de guerre.

Notons encore l'accroissement de la dette nationale et l'élévation des impôts dont nous parlerons plus bas.

Il n'y a, d'ailleurs, aucune raison pour que, sous la République, les affaires ne soient pas aussi actives qu'elles l'étaient jadis.

Elles avaient beaucoup repris dans les derniers temps de la présidence de M. Thiers, et elles reprendront aussi bien avec le maréchal de Mac-Mahon, si une politique ferme, démocratique et libérale rend au commerce la confiance dans l'avenir.

CE QU'ÉTAIENT LES IMPOTS ET LES DÉPENSES SOUS L'EMPIRE

L'Empire a considérablement augmenté la dette nationale.

Il l'a trouvée au capital de 5 milliards 728 millions.

Le 1er janvier 1870, il l'avait portée à 11 milliards 418 millions.

Par suite de la guerre et des frais qu'elle a occasionnés, le capital de la dette a été augmenté de 9 milliards 212 millions ; il dépasse actuellement 20 milliards.

D'autre part, le budget des dépenses proprement dites, qui était, en 1851, de 1,461 millions, est aujourd'hui doublé, à peu près exclusivement du fait de l'Empire, ou à raison de la guerre de 1870.

Pendant les 18 années du règne de Napoléon III, le budget s'était accru de 553 millions.

Est-ce qu'un gouvernement qui nous a endettés à ce point n'est pas un prodigue et un dissipateur ?

On se souvient des emprunts de l'Empire.

Ses financiers ne craignaient pas de dire qu'une nation s'enrichit quand elle emprunte. Le bon sens crie pourtant qu'augmenter ses dettes n'est pas le moyen d'accroître sa fortune et de doter ses héritiers.

C'est aux folies et aux guerres du règne de Napoléon III que nous devons d'avoir à payer chaque année un surcroît de près d'un milliard d'intérêts.

Enfin, le commerce et l'industrie paient 121 millions de plus qu'en 1851 ;

L'agriculture et la propriété 752 millions de plus, dont 373 frappent spécialement les produits agricoles.

Voilà, au juste, ce que nous a légué le second Empire.

L'EMPIRE ET LES MŒURS

Les bonnes mœurs ne se rencontrent pas, d'ordinaire, dans les palais des rois. Mais la cour de Napoléon III était spécialement dissolue, et le souverain ne donnait guère le bon exemple.

En même temps le luxe était porté à un degré inouï. Il y avait telles réceptions, à Compiègne notamment, où les invités étaient obligés à des dépenses énormes, pour les costumes variés qu'il fallait revêtir.

L'impératrice, d'un caractère frivole et mondain, avait contribué au développement de ce luxe insensé. Ses toilettes absorbaient des sommes folles. On était loin des mœurs simples et bourgeoises du roi Louis-Philippe.

A ceux qui se scandalisaient de ces prodigalités, l'Empire répondait que le commerce et l'industrie s'en trouvaient bien. Avec un tel raisonnement, quels excès ne justifierait-on pas?

Ce relâchement et ces dépenses hors de mesure exercèrent sur la nation une influence pernicieuse. De proche en proche, on s'en est ressenti jusque dans nos campagnes. On y est devenu plus exigeant pour les choses de la vie matérielle. On s'est créé de nouveaux besoins plus ou moins imaginaires, et le goût coûteux de plaisirs et de distractions futiles s'est répandu partout.

Sur ce point encore l'Empire a eu une action malfaisante.

LES NAPOLÉON ONT-ILS AGRANDI LA FRANCE ?

Quand Bonaparte renversa la première République, la France avait pour frontières les Alpes et le Rhin; elle possédait la Belgique, la rive gauche du Rhin jusqu'au-delà de Cologne, et, au midi, Nice et la Savoie. C'étaient là autant de conquêtes de la République, garanties par des traités vieux de plusieurs années.

Napoléon Ier, qui était un grand général et un grand administrateur, mais qui n'était pas assez sage pour être un grand politique, ne s'en contenta pas.

Victorieux de l'Europe, il ne sut pas borner son ambition aux véritables frontières de la France. Après des annexions qui ne pouvaient être durables, l'heure des revers inévitables sonna, et la France se vit enlever, avec les conquêtes de l'Empire, celles de la République.

Napoléon III nous a rendu Nice et la Savoie ; mais par la guerre de 1870 et ses conséquences, il nous a fait perdre deux de nos plus belles provinces et nos meilleures places fortes.

Les deux Napoléon ont donc laissé la France plus petite qu'ils ne l'avaient prise.

L'EMPIRE ET LA LIBERTÉ INDIVIDUELLE

C'est par des attentats à la légalité et à la liberté individuelle que les Bonaparte signalent leur avénement. La déportation et l'exil de leurs adversaires suivent de près leur triomphe.

Décembre 1851 dépassa pas ses violences le 18 brumaire. La France, sous le coup de la terreur, fut livrée à l'arbitraire de *commissions mixtes* fonctionnant dans l'ombre, et des milliers (1) de citoyens, arrachés à leurs foyers, allèrent, sans jugement préalable, expier a Cayenne ou à Lambessa le crime d'avoir défendu la loi..

Napoléon IV ne procéderait pas autrement. Les journaux et les écrivains du parti ne se gênent pas pour le dire. Il est même à croire que le nombre des victimes augmenterait.

____

(1) Le nombre des déportés ou des internés en France fut d'environ 20,000.

Les honnêtes gens peuvent-ils, même indirectement, prêter leur concours à la restauration d'une dynastie coutumière de pareils excès et de pareilles violences ? Ce serait comme une partie de la nation consentant d'avance à la proscription de l'autre.

L'EMPIRE ET LA COMMUNE

L'Empire a maintes fois cherché des auxiliaires dans la démagogie.

En 1869, il envoyait dans les réunions publiques de Paris des énergumènes à sa solde, de faux ouvriers affublés de blouses blanches, qui débitaient des théories insensées et subversives de tout état social.

L'Empire croyait y trouver son compte. Il effrayait, et par là retenait à lui les gens honnêtes et tranquilles tentés de lui faire opposition.

Depuis 1870, il a entretenu, par certains de ses agents, des relations avec les révolutionnaires.

Le témoignage récent du préfet de police devant une commission de l'Assemblée nationale établit que la propagande bonapartiste s'est efforcée de recruter des complices dans les rangs des hommes qui ont fait la Commune (1).

Aux condamnés, on promettait l'amnistie. Aux autres, on essayait de persuader que l'Empire donnerait satisfaction au socialisme.

La morale des meneurs du parti a d'ailleurs été for-

---

(1) Le principal agent était un certain Jules Amigues, qui rédigeait à Paris un journal socialiste subventionné par Chislehurst. La correspondance du sieur Amigues indique aussi qu'il était en bons termes avec M. Rouher.

mulée par l'un d'eux, le colonel Pietri, qui écrivait dans une lettre que le préfet de police a saisie :

« L'idée des masses est que le Maréchal-Président
» doit ramener le prince impérial sur le trône.. ....
» ... *Quelles que soient à cet égard les vues du Président,*
» IL CONVIENT D'EXPLOITER CETTE CROYANCE *en l'affir-*
» *mant.* »

C'est-à-dire : mentons hardiment, pourvu que cela nous serve, et profitons de l'ignorance des simples.

CONCLUSION

La République est le régime politique qui s'adapte le mieux aux goûts, aux idées et aux intérêts des cultivateurs.

Ses adversaires les plus acharnés sont précisément les pires ennemis de nos campagnes, ceux qui veulent maintenir l'ignorance du peuple, ceux qui s'opposent à tout progrès, ceux qui ne cherchent qu'à perpétuer une égoïste domination.

La République est désormais le GOUVERNEMENT DÉFINITIF de la France; elle a été votée le 25 février 1875 par 425 députés, formant une majorité de 171 voix..

Serait factieux, par conséquent, et s'exposerait à des poursuites, quiconque voudrait ramener l'Empire ou une autre monarchie.

Tous les bons citoyens doivent se rallier au gouvernement établi, qui est celui de la nation par la nation.

La reprise des affaires et du commerce montrera que l'intérêt est ici d'accord avec le devoir.

Il faut donc, maintenant, écarter impitoyablement les

bonapartistes avérés ou cachés, dont les menées tendent à révolutionner le pays et à y susciter la guerre civile.

Il faut surtout repousser les anciens députés ou fonctionnaires politiques qui ont approuvé la fatale guerre de 1870. Plusieurs étaient sans doute de bonne foi; mais l'erreur des uns et la complaisance des autres ont ruiné le pays, et les auteurs de pareilles calamités auraient dû rentrer à jamais dans la vie privée.

La patrie humiliée et amoindrie, les souffrances incalculables qu'a engendrées la guerre, le souvenir de nos pauvres soldats, tués, mutilés ou morts de maladie, crient contre les anciens serviteurs et les créatures d'une dynastie funeste.

Laissons-leur les loisirs nécessaires pour calculer ce que les Napoléon coûtent aux peuples.

Angoulême. — Imp. F. LUGEOL et Cie. 48, rue d'Aguesseau.

LA CHARENTE

Journal politique et quotidien

PRIX D'ABONNEMENT :

UN AN... **33** fr.

SIX MOIS... **17**

TROIS MOIS... **9**

L'ÉCHO DE LA CHARENTE

Journal politique

Paraissant le Jeudi et le Dimanche

PRIX D'ABONNEMENT :

UN AN... **12** fr.

SIX MOIS... **7**

Bureaux : **rue d'Aguesseau, 18, Angoulême.**